DUMANLAR ÇEKİLİNCE CİN AYETLERİ GÖRDÜM...

Leyla Şahin

IQ
KÜLTÜR SANAT YAYINCILIK

Dumanlar Çekilince Cin Ayetleri Gördüm

Leyla Şahin

Yayıncı Sertifika No

31109

Baskı: 2018 / İstanbul

ISBN

978-975-255-482-5

Genel Yayın Yönetmeni

Cevat Mustafa

Kapak Tasarımı

Janti Reklam

Sayfa Düzeni

Janti Reklam

Halkla İlişkiler ve Dağıtım Sorumlusu

Murat Arabacı

Baskı-Cilt

Çalış Ofset

Davutpaşa Cad. Yılanlı Ayazma Sok. No:8

Topkapı-İstanbul Tel:0212 482 11 04

Matbaa Sertifika No:12107

IQ KÜLTÜR SANAT YAYINCILIK

Alemdar Mah. Molla Fenari Sok. No:26/A

Cağaloğlu-Fatih/İstanbul Tel: 0(212) 514 94 06

www.iqkultursanat.com - bilgi@kitapyuvasi.com

DUMANLAR ÇEKİLİNCE CİN AYETLERİ GÖRDÜM...

Leyla Şahin

IQ

KÜLTÜR SANAT YAYINCILIK

LEYLA ŞAHİN

Kayseri doğumlu Leyla Şahin'in eğitim hayatının tamamı Kayseri'de geçmiştir… Ancak harp-iş sendika başkanlığı yapan babasının görevinden ve de sınıf öğretmenliği ile başlayan meslek hayatından dolayı yurdumuzun çeşitli illerinde bulunmuştur. En son olarak 2001 - 2016 tarihleri arasında Kayseri Eğitim ve Araştırma Hastanesi Hastane okul müdürlüğü yapan Leyla Şahin halen görevini son bir yıldır özel bir kreşin sorumlu müdürü olarak sürdürmektedir. Ek olarak ta İLESAM kayseri temsilciliğini yürütmektedir. Beş yıl öncesine kadar hastane dergisini yürütmekte olan Leyla Şahin'in birçok senaryolarının yanında çeşitli kurumların, derneklerin ve bazı dergilerin yapmış olduğu yarışmalardan senaryo, öykü ve şiir dalında dereceleri bulunmaktadır. En son Azerbaycan Bakü Türk Şiirinde Aşk Şiir Antolojisi Almanağında Azerbaycan diline çevrilmiş bir şiiri yer almıştır.

BİN YILDIZLI OTELDE BİR SAAT,
VEDA MAKAMI, 2. Baskı
HAYAT BİR NEFES İSTANBUL,
Adında yayınlanmış kitapları ve halen basılma aşamasında sekiz romanı, bir şiir kitabı, diğer kitapları ve mesleki çalışmaları bulunmaktadır.

Ayrıca bir yandan da diğer alanı olan toplum sağlığı bilgilendirme ve bilinçlendirme uzmanı olarak hizmet vermiştir. Milli eğitim, Yeşilay, Kızılay ve Kayseri Eğitim Ve Araştırma hastanesi eğitim formatörü olarak ta sürdürmüştür. Sigara ağırlıklı madde bağımlılığı üzerine yaptığı etkinliklerin yanı sıra her yıl 31 Mayıs sigara içmeme günlerini hastane ve milli eğitim işbirliği içerisinde çeşitli statülerde çok sayıda okulların katılımı ile şenlik halinde kutlanmasını organize etmiştir.

Bu alanda sinevizyon eşliğinde bilgilendirme ve bilinçlendirme formatında:
' Sigara ve alkol ağırlıklı Madde Bağımlılığı '
' Hayata pozitif bakış, motivasyon '
' Güncel hayata uyum sağlama'
' bireysel gelişim, oryantasyon '
' performans yönetimi ' (stres yönetimi, zaman eğitimi, iç disiplin, iletişim, beden dili v.s. eğitimleri...)
' Yazarlık okulunda ve atölyelerinde eğitmenlik… '

Üzerine 3 yıl amatör 19 yıldır resmi çalışmaları ve seminerleri televizyon programları vardır. Bu bağlamda çalıştığı kurumlar ve konferans verdiği kurumlar tarafından çeşitli ödülleri, plaketleri ve teşekkür belgeleri bulunmaktadır… Son on yıldır profesyonel anlamda aktif olarak sürdürdüğü bu çalışmalarını çeşitli kurumlarda ve okullarda halen devam etmektedir. Ara ara yaptığı televizyon programları ile bu alanlardaki çalışmalarına katkıda bulunmaktadır…

Nisan yüzünde dalgın ama mutlu bir gülümsemeyle derin bir nefes aldı. Oturduğu koltukta hafifçe geriye çekilip arkasına yaslandı. Odanın sessizliğinde içindeki heyecan kıpırtılarını kulaklarında gittikçe sıklaşarak yansıyan kalp atışları halinde dinliyordu adeta... Aslında bu tatlı telaş onun çok hoşuna gitse de hala bu anı yaşadığına inanamamanın şaşkınlığı içerisindeydi.

Etrafına son kez gözleriyle panoramik bir bakış fırlatarak bir çırpıda odayı ve odada bulunan her şeyi, her eşyayı taradı. Ama her köşeyi ayrı ayrı hikâyesi olan bir festival alanı gibi değerlendirerek inceledi. Sanki gözleriyle onları okşar gibi, onlarla konuşur gibi ve odada bulunan eşyaların her birine yeni anlamlar yükler gibiydi...

Her şeyin yerli yerinde ve harika görünmesi gerekiyordu. Sakinleşmeye çalışarak arkasına yaslandığı döner koltuğunu kendi ekseninde birkaç kez döndürdü ve karşı camdaki kendi siluetine gülümseyerek göz kırptı. Koltuktan her kalkışında eğer yalnızsa bayılıyordu bunu yapmaya Nisan... Adeta içindeki hiç büyümeyen haylaz çocuk depreşiyordu.

Sanki lunaparkta eğleniyor hissini veren bu dönüş onu çok mutlu ediyordu, bu durum onun günlük yaşamında artık doğal bir davranış haline dönüşmüştü neredeyse. Hatta ne kadar otokontrollü bir yaşam sergilese de etrafına ve etrafındaki herkese karşı bazen yanında biri varken bile yaptığı oluyordu...

İçi içine sığmaz bir heyecanla ayağa kalktı. Zira bu gün neredeyse sanki hastaneyi yeni kurduğu ve hastane yönetimiyle ilk toplantıyı yaptığı gün kadar heyecanlıydı. Pencereye yaklaştı heyecanını biraz yatıştırmak için bütün telaşıyla ve bütün ihtişamıyla kendi karanlığında sessizce akıp gitmekte olan geceye bir kez daha baktı.

Aslında hastanenin bulunduğu bina çok yüksek değildi ama binanın bulunduğu yer olarak şehrin eğimli gelişiminden dolayı yukarıda kalıyordu. En yukarı katta bulunan bu odasını çok seviyordu. Genelde hastane adına verilen kararları yönetim ekibiyle birlikte bu odada alırlardı. Koca binada sığınak gibi bir önemi vardı bu odanın onun dünyasında.

Son yıllarda mesleki konularda başarı grafiği daha bir hızlı yükselirken bu odanın hayatındaki yerini daha bir fark eder olmuştu Nisan... Günlük koşturmalar arasında toplantılarda ve bazen geceleri biraz daha çalışmak istediğinde bu durum bariz biçimde belli oluyordu. Bu odaya ne sebeple olursa olsun her girdiğinde daha çok kendini verimli düşüncelere götüren ve her an yeni projelere imza attıran bir atmosferle karşılaşırdı sanki... Yani günlük koşuşturmalar arasında bu odanın enerjisini hayatındaki aldığı kararları inşa sırasında yapılan rutin toplantılarda hep hisseder ve bilirdi... Mekânsal enerjinin insan yaşamında nasıl etkileyici bir unsur olduğunun en bariz örneğiydi kuşkusuz bu durum.

Ama bugün daha farklı bir nedenle buradaydı, bu odadaydı Nisan ve tatlı bir heyecanla beklemekte olduğu çok önemli bir konuğu vardı. Odayı tekrar tekrar gözden geçirdi ve biraz daha sabırsız adımlarla pencereye doğru daha bir yaklaşarak dalgın dalgın geceyi seyretmeye başladı, daha konuğunun gelmesine on dakika vardı.

Ellerine, yüzüne, gözüne tekrar baktı. Büronun boydan boya camla kaplı duvarlarında her taraftan görünen kendi yansıması, çok güzel görünüyordu. Yani hazır sayılırdı her haliyle o büyük buluşmaya...

Camdaki görüntüsüne kaydı gözleri, yeni boyattığı ve kestirdiği kızıl saçları ona çok yakışmıştı. Mesleğinde daha bağdaşır bir ağırbaşlılık katmıştı üstelik ve onun neşeli halini dengeleyen bir zariflik bile eklemişti fazladan davranışlarına...

Sonra baştan sona üzerindeki kıyafetine baktı beyaz giysiler ona kendini her zaman tatildeymiş gibi hissettirirdi. Yoğun ve baş döndürücü hızlı bir tempoyla geçen günlük yaşamında ona her durumda rahatlığı ve relaks olmayı hatırlatırdı.

Vücudunun her zaman fit görümü bu tarz kıyafetleri taşımasında oldukça başarılı bir görsellik sunuyordu gözlere... Aynı zamanda da tercihen kullandığı spor giysilerdeki yakaladığı pratikliği ve cazibeyi günün her saatinde hiç zorlanmadan ve ek bir çaba sarf etmeden korumasını sağlıyordu...

Nisan'ın aklından bunlar geçiyordu daha doğrusu bu düşüncelerle konuğu gelinceye kadar kendini oyalıyordu. Nihayet telefonu çaldı konuğunun asansörden çıkmakta olduğunu bildirdiler. Nisan adeta uçuşan adımlarla kapıya doğru yürüdü konuklarını kapıda karşılamaya bayılırdı...

Kapıyı açtı, asansörün kapısına tam gelmişti ki Ayşen Hanım asansörden çıktı. Gülümseyen ama işini iyi bilir bir edayla yürüyerek onu kapıda bekleyen Nisan'a elini uzattı... Sıcak, dost, sahici bir duygu akımıyla tokalaştılar ve sanki daha önce tanışıyormuş gibi birbirlerinin ellerini bırakmadan odadan içeri girdiler.

Pencerenin kenarına onlar için hazırlanmış köşeye doğru ilerlediler. Pencereden dışarıyı iyi gören özel bir konumda hazırlanan orta boşluğa masa tarzı bir sehpanın konduğu karşılıklı yerleştirilmiş koltuklara geçtiler.

Ayşen Hanım işini güzel yapan biriydi... Ülkenin ileri gelen ve her geçen gün işinde yükseliş kaydeden herkesle buluşur ve onlar hakkında yazdığı yazılarla basın dünyasında olağanüstü gündem yaratırdı. Yaptığı ilginç söyleşilerle ünlenmiş sıra dışı yaklaşımlarla, konuklarıyla yaptığı ilginç röportajlarla adeta bu platformdaki gündemi elinde tutardı... Nisan bu başarılı misafirine mutluluk dolu bir ses tonuyla:

— Ayşen'ciğim sizi buraya davet ettim zira bu odanın önemi benin yaşantımda çok büyüktür sizin de benimle aynı atmosferi yaşamanızı istedim, tekrar hoş geldiniz. Bir sıcak çaya ne dersiniz ya da kahve, ya da başka bir şeye ne arzu ederdiniz, ne ikram edelim size...

Ayşen Hanım Nisan'a eliyle dur ifadesi yaparak pencereden dışarı baktı, şaşkınlık içerisindeydi ve gülümseyerek gözlerini manzaradan ayırmadan, daha doğrusu ayıramadan:

— çay çay kesinlikle çay lütfen...

Nisan konuğunun yanına oturduğunda onun şaşkınlığını anlayan bir ses tonuyla pencereden dışarıda ki geceyi göstererek:

— işte bunun için sizi buraya davet ettim beni iyi anlayacağınız ve bu noktada olmamın asıl nedenini burada göreceğinizi düşündüm.

Ayşen Hanım hala gözleri manzarada başını evet anlamında sallayarak:

— kendimi eşsiz ve harikulade bir gecenin içinde hissediyorum yemin ederim bu benimde en farklı ve en zevk aldığım röportajım olacak. Kabul ettiğiniz için tekrar teşekkür ederim. Özellikle burada kabul ettiğiniz içinde ayrı teşekkür ederim.

Ayşen Hanım vaktini iyi kullanan ve işini iyi yapan bir gazeteciydi... Aynı zamanda önemli televizyon kanallarına yaptığı cesur çıkışlar yaratan röportajlarını servis yapan ve çok sayıda insan tarafından takip edilen oldukça önemli bir basın mensubuydu.

Çay içme faslından sonra hala ara ara bu başarılı kadının gözleri pencereden dışarı kayşada o işine odaklandı. Burada olmaktan memnun hali her tavrına yansıyordu... İçeri girip masaya oturduğundan beri ve elindeki dinleme cihazının tuşuna basarken bile adeta oda kendini hiç olmadığı kadar heyecanlı hissediyordu... Doğru adreste aynı amaçla buluşan doğru insanlardılar kuşkusuz ve bu buluşma daha şimdiden yani başlangıcında çok sıcak, samimi ve sahici olacağa benziyordu...

Dakikalar dakikaları kovaladı, ardından saatler girdi devreye ve bütün konulara üç eksik beş yukarı değinildi ve nihayet can alıcı soruya gelindi. Ama saatlerdir aynı pozisyonda oturmaktan ikisinin de biraz kasılmışlardı... Bir ihtiyaç molası verildi ve bir şeyler yemek ve içmek üzere onlar için hazırlanmış yan masaya geçildi...

Ama önce Ayşen Hanım aldığı görüntülerin ve ses kayıtlarının hemen bir yandan göndereceği televizyon kanalları için yedeklemesini yaparken bir yandan da basım için gazetesine gönderdi.

Nisan'da iç hat telefonundan asistanı ve sekreteriyle konuştu, hastane içi genelinde tüm bölüm servislerini arayarak tek tek durum kontrolü yaptı.

Sonrasında konu dışında şeylerin konuşulduğu keyifli bir yemek girdi araya Çigan müziği eşliğinde bu şahane manzarayla müsemma...

Mutlu ve işini iyi yapan başarılı iki insan, iki kadın için donatılmış bir masaydı oturdukları ve harika görünüyordu.

Kesinlikle hak ettikleri ve israfa yer verilmeden özenle ve mükellef denebilecek nezihlikte hazırlanmıştı. Hakkını vererek yenilen ve hakikaten keyifli bir yemek olmuştu açıkçası.

Sonrasında da güzel yapılmış bir Türk kahvesiyle tamamlandı dinlenme faslı ve verilen mola sonlandırılarak tekrar dönüldü aynı atmosferin içine... Zaten odadaki bütün ambiyanslar ve manzaranın büyüsü müthişti. Bu yemek onları kısmen koparabilmişti aşağıdaki akıp gitmekte olan yaşamdan ve aynı atmosferde verilen küçük bir mola niteliğindeydi sadece...

Aynı ciddiyet ve titizlikle tekrar geçildi röportaj yapılan masaya ve tekrar basıldı ses kayıt tuşuna...

Ayşen Hanım işini rahat yapabiliyor ve daha bir memnun olduğu ortamda gerçekleştiriyor olmanın verdiği bir rahatlıkla tek kaşını kaldırarak:

— Hiç bitmeyen bir enerjiyle koşturuyorsunuz bunu, bu enerjiyi nereden alıyorsunuz Nisan Hanım, çok başarılı ve tercih edilen bir psikiyatrsınız kuşkusuz... Neden psikoloji, neden bu meslek, bu konuda ne etkiledi sizi ve ne zaman karar verdiniz psikiyatr olmaya...

Benimle paylaşırsanız okurlarımı ve sizi takip eden, örnek alan birçok insanı aydınlatmış ve onlara bu konuda ışık yakmış olurum evet söz sizde Nisan Samyeli...

Nisan bir an durdu gülümsedi önce pencereden dışarı baktı, sonra döndü Ayşen Hanım'ın gözlerinin içine bakarak huzurlu mutlu ve neşeli bir ses tonuyla, hatta çınlayan bir ses tonuyla:

— Ayşen Hanım biliyor musunuz bunları o gün ki ruh haletiyle anlatmak istedim size ve sizi o yüzden bu odaya davet ettim. Ben o yıllarımı o öğrencilik yıllarımı hiç unutmadım ama bu hastanede yaşadığım o saatleri de hiç unutmadım. Bu odaya her girişimde bir an o günlere döner ve yaşadıklarımı anımsarım...

Nisan eliyle pencereden görünen vadideki yeryüzüne gezmeye inmiş yıldızlar gibi yanıp sönerek uçuşan ateş böceklerini göstererek:

— onlar beni bu koltuğu oturttu. Bugün bu hastaneye yıllar önce daha öğrenciydim o zamanlar ve hasta olarak gelmiştim... Şu an kaldığım o odadayım, odadayız daha doğrusu. Ayşen Hanım bak yine o gün ki gibi ateş böcekleri dans ederek festival yapıyorlar adeta... Ilık ılık esen rüzgârlarla birlikte onların yaptıkları bu gösteri sanki bana uzaklarda yapılan bir fener alayı gibi gelmişti o gün, o an... Zira Otuz Ağustos Zafer bayramıydı benim hastaneye geldiğim gün ve o akşam şehirde bayram dolayısıyla fener alayı vardı... Ben hastanedeydim çok istediğim ve günlerce beklediğim halde bu gösteriye katılamamıştım. Ateş böceklerinin bu gösterisi bana bu duyguyu vermişti ve ben onları görünce çok mutlu olmuştum.

Bugün yine o zamanki gibi çok mutluyum, bu odaya her girişimde o günleri anıyorum ve şimdi sizinle bu harika röportajı gerçekleştiriyoruz, teşekkür ederim Ayşen Hanım... Evet, niçin psikiyatr oldunuz sorusuna bu odada cevap vermek oldukça anlamlı olacak doğrusu... Aslında bu birazda trajikomik bir olaydır ve hatırladıkça hep gülümsetir beni...

Ayşen Hanım Nisan'ın sözünün bitmesini bekledi merak içinde:

— niçin hastaneye gelmiştiniz Nisan Hanım, hastamı olmuştunuz yoksa birini ziyarete mi gelmiştiniz...

Nisan sol ayağını göstererek:

— hayır, hayır ikisi de değil... Yıllar önce orta son sınıfta basket oynarken antrenman sırasında okulda düşmüştüm, ayağım kırılmıştı ve beni öğretmenlerim yaka paça hastaneye getirmişlerdi, bayram günü... Zaten anlatacağım şeylerde bununla ilgili. Ayağım ameliyat olmuştu ve benim hastanede kalmam gerekmişti. Beni ameliyat sorası hastane odasına aldıklarında gece olmuştu neredeyse, yanımda sadece annem vardı zira babam iş seyahatindeydi. Annem zaten babam o gün döneceği için onu telefon edipte telaşa sokmak istememiş ve ona bu durumu söylememişti. Annem yanımda kalacaktı o gece ve birlikte bu durumu atlatmaya çalışacaktık.

Biz apar topar okuldan direk hastaneye geldiğimiz için yanımızda hiçbir şey yoktu. Ben okul kıyafetimleydim, annemse işten geldiği için ayağında topuklu ayakkabılar falan vardı. Yani sonuç olarak hastaneye uygun olmayan giysilerleydik ikimizde ve bu durumda hastane ortamında oldukça zorlanıyorduk. Aslında okuldan bir öğretmenimiz bizimle gelmişti hastaneye ama bu annemle benim halletmem gereken bir durumdu.

Ben ameliyat sonrası acılarım dindiğinde yani daha ağrı kesicilerin etkisindeyken nispeten kendimi biraz daha iyi hissettim tabii... Annem bunu fırsat bilerek eve diş macunumuzu, bazı ihtiyaçlarımızı ve hastanede giymek için eve bir iki kıyafet almaya gitmişti.

Bu arada da beni geçirdikleri hastane odasında boş bir hasta yatağı daha vardı, yanımdaki bu yatağa benim yaşlarımda uyuyan birini bir genç kız hastayı getirdiler ve yatırdılar. Bu kızcağız hala narkozun etkisinde gibiydi sanki gördüğüm kadarıyla onunda galiba sol ayağı kırıktı. Odamıza hemşirelerin biri gidiyor biri geliyordu, doktorda ara ara rutin kontrol yapıyordu. İşte hastane ortamı malum bu gibi koşturmacalar derken geçiyordu zaman.

Bu ani yaşadığım olay, yarım kalan derslerimin stresi ve ameliyat bitinceye kadar yaşadığım acılar, ayağımın alçıya alınması derken bayağı yorulmuştum ve haliyle bende uyuyakalmışım.

Ne kadar vakit geçti bilmiyorum ama uyandığımda odada biri daha vardı, başka bir kız gelmişti. Yanımda yatan hastanın ziyaretine gelen bir arkadaşıydı galiba hasta olan genç kızda ayaktaydı, kalkmıştı ben uyuyorum diye sessiz sessiz kendi aralarında konuşuyorlardı hasta olan kız ayağını göstererek:

— ben ne yapacağım bu durumda, sen tek çaremsin biliyorsun ve ben sadece sana güveniyorum, bak ikinci ameliyatımı oldum dışarı çıkmam imkânsız.

Diyordu. Arada bir bana bakıyorlardı uyuyup uyumadığımı kontrol ediyorlardı... Sebebini anlamam mümkün değildi ama görebildiğim kadar tedirgin ve telaşlıydılar, sürekli etrafa bakıyorlardı... Hallerinden anladığım kadarıyla etrafta birilerinin olup olmadığını anlamaya çalışıyorlardı.

Onların bu halleri benim aralanan göz kapaklarımı elimde olmadan tekrar kapatmama neden olmuştu. Ama doğrusu merakta ediyordum... Onlara fark ettirmemeye çalışarak yarı kapalı araladığım kirpiklerimin arasından izlemeye başladım bir yandan... Misafir gelen kız ona bir şey uzattı, hasta olan büyük bir dikkatle hiç göstermeden avucunun içinde gizleyerek aldı ve üzerindeki mont gibi bir giysinin iç cebine koydu.

Belki ışıklardan ama hasta olanın son derece mutsuz ve donuktu suratı, sanki genç bir kız değil de yaşlı ve çileli bir kadın yüzü gibi görünüyordu...

Tekrar bana baktılar uyanık olduğumu belli etmediğim için sanırım uyuduğumu düşünüyorlardı, ben hiç belli etmeden başımın üzerine koyduğum kolumun altından olanları izliyordum... Sanki uyanık olduğumu bilmelerinden de korktum biraz belki bilemiyorum o an bunun daha doğru olduğunu düşündüm ve sebebini anladığım bir nedenle öyle davrandım...

Önce rahatsız olmasınlar diye uyanık olduğumu belli etmemiştim ama sonra gerçekten uyanık olmamım onları daha çok rahatsız edeceğini düşündüm ve belli etmemek için daha çok dikkat ettim. Ama rol yapmakta oldukça zorlanıyordum neyse ki tam o anda annem gelmişti... Bana seslendiğinde elimden geldiğince rol yaparak yeni uyanıyormuşum gibi yaptım ve doğrulmaya çalıştım...

Annemin gelişinden beş dakika sonra beni görevli hemşireler yan odaya geçirdiler annem yanımda refakatçi kalacağı için o odanın daha uygun olduğunu söylediler... O oda burasıydı biliyor musunuz Ayşen Hanım... Ben burayı bu binayı satın aldığımda ilk işim bu duvarı kaldırmak ve iki odayı birleştirerek büyütmek olmuştu, sonrasında arkadaşlarla karar vererek bu odanın olduğu koridoru idari bölüm olarak değerlendirdik.

O günlere dönecek olursak ben o gün çok üzülmüştüm o durumda okulumdan geri kaldığım için çok mutsuzdum. Derslerim aksayacaktı her şey ama hayatımdaki her şey aksayacaktı. Üstelik çok sevdiğim arkadaşlarımdan da ayrı kalmıştım... Yatmak bana göre değildi ama yapacak bir şey yoktu ve ben artık bilmem kim bilir kaç gün tam iyileşinceye kadar yatmak zorundaydım.

Annem uyusun diye uyuyor taklidi yaptım dakikalarca zira onu üzmek istemiyordum. Belki birazda bir önceki odada aynı taklidi yapmış olmanın pratikliği vardı ve bu durumda bu şartlar içerisinde tek eğlencem oydu... Can sıkıntısından biraz eğlence arıyordum beklide biraz o anda kim bilir...

Ama annem zaten benden ne kadar saklamaya çalışsa da çok yorgun görünüyordu ve onun bu halinden dolayı hiç kıyamıyordum. Ben sessizleşip uyumaya eğilimli gibi olunca annem nihayet biraz daldı. O kadar komik bir haldeydi ki görmeliydiniz, elinde evden getirdiği benim kocaman bebeğim vardı... Benim çok sevdiğim oyuncağım ama kocaman bir şey Ayşen Hanım yeni doğmuş bir çocuk kadar var neredeyse... Canım benim onu arabadan indirip hastaneye getirirken herkes bakmış ona gülmüş, ama o aldırmamış. Ben mutlu olayım diye benim için düşünmüş evden getirmiş ve arabadan buraya kadar taşımış. Tabii bana moral olsun diye getirmişti ve ben bebeğimi görünce çok mutlu olmuştum.

Böyle bir annem olması ne güzel değil mi Ayşen Hanım... Ben ben annem söz konusu olduğunda böyle duygulanıyorum... En iyisi ben o günü anlatmaya devam edeyim isterseniz...

Onunla bebeğimle beraber benim hasta yatağımın hemen yanındaki kanepeye yan yana uzanmışlardı. Bebeği yanıma koymasına izin vermemişlerdi oda yanına almıştı ve bana o bebeğimi aldığımız günün anılarını anlatıyordu. Babamla birlikte vitrindeki bebeği görünce ağladığımı ama mağazanın kuralı gereği bir hafta sonra satılabileceğini söylediklerinde anlamadığımı, bu durumu bir türlü bana anlatamadıklarını anlatıyordu. Hatta satılmasını yani kural gereği vitrine yeni konduğu için bir hafta sonrası satılmasını beklediğim her gün mağazanın vitrinine gidip baktığımızı anlatıyordu. O yüzdende çocukluğuma ait sadece bu oyuncağı sakladığını kahkahalarla gülerek belirtiyordu. Bana sabretmeyi, beklemeyi, hayatta uymamız gereken bazı kuralların olabileceğini ve bu kurallara uymayı öğrenmem için bu durumun bir fırsat olduğunu anlatıyordu... Babamla birlikte içleri acıyarak beni bu konuda nasıl eğittiklerini anlatıyordu... Tam karşımdaydılar ikisi de çok sevdiğim oyuncağım ve çok sevdiğim bebeğim canım benim güzel annem, ben rol yapınca benim uyuduğumu zannetti ve sustu sonrasında da uyuyakalmıştı.

O uyumuştu, bende yapacak bir şey olmadığı için pencereden dışarıyı seyretmeye başlamıştım, kafam oldukça karışıktı ve orada, hastanede olmaktan oldukça mutsuzdum... Babamı düşünüyordum canım babacım bugün dönecekti, kim bilir nasıl üzülecekti beni bu halde görünce. Babamı da çok özlemiştim, gerçi bir gün öncesi gitmişti ama ben yine de çok özlemiştim... Of bu durum ne kadar sürecek acaba duygusuyla cebelleşip duruyordum...

Ben bunları düşünürken bir ara gölge gibi sessizce içeri giren ve benim ateşime bakan bir hemşire annemin üzerine dolaptan çıkardığı kırmızı ince küçük bir örtü örttü. Annem örtüyü hissedince bir iki kımıldadı, ama zavallı yorgunluktan hastanede olduğunu unutarak ayaklarını uzattı ve uyumasına devam etti. Onun bu yerleşme hareketine hemşireyle birbirimize bakarak gülümsedik. Sonra döndü bana tekrar gülümseyerek güzel sevgi dolu ve şefkatle baktı hemşire hanım, sonra odanın ışığın ayarını da hafif kapatarak yine bir gölge gibi çıktı...

Yalnız kalmıştım...

Yorgundum, çok yorgundum...

Nedenini bilmiyordum ama çok yorgundum...

Uykusuzdum da...

O kadar ilaç almama rağmen başım bir ağırlık altında ezilmiş gibi acıyordu... Zorla gözlerimi açtım yatağım terden sırılsıklamdı ama üşüyordum da, terden ıslanan yastığım enseme değdikçe garip, huzursuz ve mutsuz bir duyguyla beni olumsuz etkiliyordu... Zaten son zamanlarda beni her şey olumsuz etkiliyordu.

Yatakta doğrulmaya çalıştım…

Koca odada yalnızdım…

Ama aklıma takılan bir şey vardı ve beni rahat bırakmıyordu. Diğer odada yatan ve annem gelene kadar tanıdığım hasta kızı merak ediyordum.

Aslında çok meraklı biri değilimdir ama kendimi o anda çok meraklı hissediyordum...

Arkadaşı gitmiş miydi acaba...

Arkadaşı ona ne vermişti...

Neden öyle yalvarırcasına:

' -- tek çarem sensin... '

Demişti arkadaşına...

Acaba neden kırılmıştı ayağı...

Yanıma gelebilir miydi?

Ya da ben onun yanına gidebilir miydim?

Kafam iyice karışmış ve bu sorularla allak bullak olmuştu. O anda sadece odaklandığım bu durumları düşünüyordum ve şiddetle onu görmek istiyordum.

Düşündüklerimi unutmak, uyumak istedim fakat ne mümkün unutmak ve uyumak... Olmuyordu ikisini de beceremiyordum o anda... Açık pencereden arada hafif bir bahar ve toprak kokusu giriyordu içeri... Ateş içinde yanan terli başımı hava alması için zorla doğrulttum ve temiz havayı derin derin içime çektim...

Nisan o kadar kendini kaptırmıştı ki döner koltukta kimse yokken döndüğü gibi tam dönmese de sürekli sağa sola sallanıyordu... Arada hareket halindeki eliyle, dalıp giden ve orada kalan bakışlarıyla dışarıdaki aynı o gün ki gibi görünen manzarayı gösteriyordu Ayşen Hanım'a, sonra heyecanla anlatmaya devam ediyordu... Ayşen Hanım hiç kıpırdaman ve hiç konuşmadan büyük bir keyifle gülümseyerek onu izliyordu.

Sanki o her şeye hâkim havalarındaki naif doktor gitmiş onun yerine, yere yurda sığmayan yaramaz bir kız çocuğu gelmişti ve bu kız çocuğu insanın kesinlikle katılması gereken bir festival gibi eğlenceliydi... Hiçbir tepki vermeden sadece büyük bir hayranlıkla Nisan'ı izliyordu Ayşen Hanım ve kuşkusuz çok eğleniyordu işini yaparken...

Nisan arada bir sallandığı koltuğunda devam ediyordu anlatmaya:

-- gökyüzü aynı bu gün ki gibi yine yıldızlarla doluydu... Ayın arada bir kaybolmasına rağmen yine de oldukça berrak bir geceydi. Sanki gecenin ruhu sükûn içinde dolaşıyordu vals yaparak terden ıslanmış vücudumun üzerinde ve sırılsıklam olmuş saçlarımın arasında...

Yine bu gün ki gibi ateş böcekleri göz kırpıyordu sanki yıldızlara aşağı inmeleri için kur yapar gibi... Karadeniz ikliminde böyle geceler zor bulunur Hem de öyle gökyüzünde değil bayağı bayağı aşağılarda çok rahat görebileceğiniz bir mesafede olurlar...

Bu geceki gibi aynı böyleydiler sanki ışıltılarıyla vadide dolaşan gecenin efsunlu ruhunu küçücük bedenlerinin güçlü ışığında gezdirir gibiydiler. Ta uzakta şehrin silueti sanki ateş böceklerinin bu şahane valsini izliyordu. Gece görüntü olarak tamı tamına bu günün aynısıydı. Hani derler ya hastaneleri manzarası güzel ve temiz olan yerlere inşa etmeli ki hastalar rahat etsin... Tedavileri iyi ve çabuk ilerlesin, yaşama isteklerini kaybetmesinler... Bu çok doğru bir tespit ben o yaşta bunu ilk hastanede yatma deneyimimde anlamıştım... O güne devam edeyim...

Hayatımın dönüm noktası olan o meşum ama emsalsiz gecenin atmosferi belki yaşım gereği, belki yalnızlığımdan beni bir büyü gibi kuşatıyordu. İnan o gün ve o günden bu güne kadar yaşadığım yılların güzelliği her saat ve her dakika bütün hayatıma yetmişti adeta... İyi bir ailem vardı sonuçta. Babam gelecekti, annemse yanımdaydı ve iyileştiğimde devam edeceğim şahane bir okulum ve beni bekleyen şahane arkadaşlarım vardı sonuçta bu yaşadığım geçici bir şeydi. Ama yine de işte kendimi garip bir şekilde yalnız hissediyordum...

Vakit bayağı ilerlemişti. Gecenin bu gizemli ama sonsuz görünen rüyalı sükûneti karşısında yavaş yavaş nükseden ve beni kıvrandıran ayağımın acısının şiddetini bir kat daha acıyla hissediyordum... Odaya gelen hemşire bana bir ağrı kesici vermişti ve annemin uyuduğu için üşüyeceğini düşünerek açık olan pencereyi kapatmıştı ve çıkmıştı...

Biraz cep telefonumu karıştırdım, o saatte kimseyi arayamazdım, kimseye mesaj yazamazdım. Ders yapamazdım zira ders çalışmak için hiçbir kitabım, materyalim yanımda yoktu, yani kısaca o anlarda kendimi yalnız ve boşlukta hissediyordum.

Tam o anda kapı açıldı ve yan odadaki merak ettiğim hasta kız girdi içeri... Elini dudaklarına götürerek sus işareti yaparak gülümsüyordu... Çekingen, ürkek ve sessizce uyuduğunu gördüğü annemi göstererek kısık bir sesle:

— çok şanslısın harika bir annen var... İçeri gelmemi ister misin?

Ah dünyalar benim olmuştu bende sessiz ama sevinç dolu bir sesle:

— tabii buyur lütfen girsene, aslında bende sana gelmek istedim ama işte görüyorsun kımıldayamıyorum bile... Annem çok üzüldü ve çok yorgun, o yüzden uyumasını ben istedim. Tam zamanında geldin kendimi çok yalnız hissediyordum... Evet, annem harikadır yarın işe gitmeyecek yanımda kalacak... Ben annemle olmayı seviyorum...

Hasta genç kız ayağını sürükleyerek geldi yatağımın boş olan tarafına oturdu. Anneme baktı ve duyulur duyulmaz gayet kısık bir sesle:

— burada vakit hiç geçmez ben neredeyse üç haftadır buradayım ve artık sıkıntıdan patlıyorum, bu gün küçük bir operasyon daha geçirdim... Bu arada benim adım Papatya...

Bu konuşma yani üç haftadır orada oluşunu söylemesi sanki o anda ruhumu yormuştu ama bizim yaptığımız bu iki hasta diyalogu bana yine de pek enteresan görünmüştü... Gelmesine inanılmaz sevinmiştim ama bu söyledikleri biraz canımı sıkmıştı... Bayağı uzun bir süredir üç haftadır buradaymış ve belki bende o kadar uzun süre burada kalacaktım kim bilir...

Bu arada sanki daha yeni tanıdığım bu kızcağızın başka sorunları varmış gibi garip bir tedirginliği vardı ve bu hali beni oldukça rahatsız etmişti. O an hissettiğim bu can sıkıntısında bununda payı vardı kuşkusuz... Ama yine de o anda yanımda birinin olması harika bir şeydi.

Sesini daha da kısarak acı acı gülümsedi:

— benim annem yok biliyor musun beni doğururken ölmüş beni babamla birlikte babaannem büyütmüş. Babam evlendi geçen yıl ve sonuçta ben babaannemle kalıyorum. Yani kısacası hayatımda annem yok, babamsa kısmen var.

Ne diyeceğimi bilemeden her konuşmasına başımla cevap veriyordum ama o anda bana ilaç gibi gelen bu arkadaşlıktan da doğrusu çok memnundum. Bende sesimi daha da kısarak:

— ah hatırlattığım için çok üzüldüm affedersin, başın sağ olsun. Bak benimde babaannem yok, annemde çalışıyor. Babam kısmen yok dedin o nasıl oluyor.

Derin bir iç geçirdi ve devan etti:

— uzun hikâye bunu anlatmasam olur mu şu an bu keyfimi bozmak istemiyorum.

Onun bu hayata sitemli hali beni çok etkilemişti, adeta sorduğum sorudan utanarak:

— tabii ki canım özür dilerim seni üzmek istemezdim öyle düşünmeden konu olsun diye konuşmuştum. İnan ben normalde aslında hiç soru sormayan ve bir şeyleri çok merak etmeyen biriyim bu hastane ortamı biraz psikolojimi bozdu galiba sorularım o yüzden... Hayat işte insan hiç yapmadığı şeyleri yapabiliyormuş. Bu arada kaçıncı sınıftasın.

Duraladı bir an sanki yine mi soru soruyorsun der gibi baktı:

— sekizinci sınıftayım.

Çok sevinmişim, bir ortak noktamız çıkmıştı nihayet mutlu olduğumu belirterek:

— bende aynı sınıftayım ve okulumu, arkadaşlarımı çok özledim...

Yüzünü buruşturarak:

— ya ben hiç bir şey özlemedim. Sevmiyorum okulumu da ve dolayısıyla okul arkadaşlarımı da, zaten okula da gitmek istemiyorum...

Şaşırdım bakakaldım:

— neden okul sevilmez mi? Arkadaşlar iyidir…

Gözlerime baktı acı acı gülümsedi ve gitmek için ayağa kalktı:

— inan bana oda uzun hikâye, daha bir müddet buradayız nasılsa anlatırım bir gün…

Elimle dur işareti yaparak gitmesini istemedim:

— ya şimdi anlat. Gitme, ne olursun gitme. Hadi lütfen şimdi anlat…

Halime baktı ısrarıma bir anlam veremedi, biraz şaşırdı, döndü bir anneme baktı, bir bana baktı geri oturdu. Aslında oda gitmek istemiyordu ama hemşire falan gelir ayağı için sakıncalı olur diye endişeleniyordu sanırım… Kapıya sonra anneme tekrar baktı, etrafı kendince emniyetli görünce:

— iyi o zaman hemşireler iki saatte bir kontrole geliyorlar genelde, oda yeni gittiğine göre biraz daha kalabilirim. Ne diyordum... Okulu değil de ben birini seviyorum aslında…

Bana baktı, benim tepkimi ölçmek istedi sanırım sonra devam etti:

— onu gördüğüm günden beri seviyorum... Bu aşk ruhumu tarifsiz bir ateşle kuşatmış durumda... Ele avuca sığmayan bir çocuk ve aslında aşkı anlamasını bekleyemem ondan. Ama ben ondaki her hali ve meziyetleriyle beraber olan bütün koşulları seviyorum.

Onunla sanki bir bileşen gibi her haline ve her tavrına intibak olabiliyorum, ama her zaman bu durum sadece benim onun dünyasından sürekli itelenmemle birlikte sona eriyor.

Gönülden gönüle koşan bir kelebek gibi adeta onun bu hercai hali bana acı verse de kalbimdeki heyecanları anlamlandırıyor ve o inanılmaz uçarı cazibesiyle beni her dakika deliye çeviriyor...

Adının Papatya olduğunu söyleyen ve şu anda yegâne arkadaşım olan bu kızı tanıdıkça derinliğini ve aşkı anlayış ve anlatış haline hayran kalıyordum... O kadar hayatı doğal yanıyla ve tabii ki yaşına göre aşkı kendi kimyası içinde olduğu gibi yorumlayışı vardı ki sanki karşımda yüz yaşında bilge konuşuyordu... Arkama yaslandım hatta ayağımdaki ince sızıyı bile unuttum, o devam ediyordu çokbilmiş ve kocaman kocaman anlamları olan sözlerine...

— asla anlaşamıyoruz hem de hiçbir şekilde ve hiçbir konuda biliyor musun bu o kadar açık ve net ki... Üstelik bana karşı ilgisiz, uzak ve acımasız, benimle sürekli alay eder ve canımı yakar... Ağlatır kanatır, iteler, öteler, örseler... Öyle ki onunla karşılaşmamım her defasında elimde olmadan ümitsizliğe düşüyorum ve kendimi zaman zaman öldürmek istiyorum...

Bunları bir çırpıda söylerken benim tepkimi ölçüyor ve sonra yine devam ediyordu...

— bu gün sen uyurken gelen bir arkadaşım bana bu konuda yardım etti sağ olsun, bana bir hap getirmiş bu farklı bir şeymiş, birde bunu deneyeceğim... Kafamdaki düşünceleri sıraya sokacağını ve benim moralimi düzelteceğini hatta sorunlarımı problem olmaktan çıkaracağını ve mutlu olacağımı iddia ediyor, bakalım göreceğiz... Ama ben çok inanamıyorum, kesin daha yorgun, daha huzursuz ve daha mutsuz olurum... Zira bu tür haplar aslında insanı daha da perişan edebiliyor ya da öldürebiliyor... Ama ben arkadaşıma güveniyorum...

Papatyanın bu kararlı ve sanki bu tür şeyleri normalmiş, olağanmış gibi bahsedişi biraz tuhaftı ama o devam ediyordu:

— biraz önce içtim bakalım, umarım belki bu hap iyi gelir bu halimden kurtulabilirim. Sabırla ve babaannemde öğrendiğim tevekkülle ilacın tesirini beklemeye başladım bir süre sonra sanki bir külçe gibi uyuyakalırmışım sonrasında da dinlenmiş ve mutlu kalkarmışım...

Al sende iç bir tane, her şeye iyi gelir böyle şeyler...

O anda uzattı minnacık bir şey bilinçsizce bakakaldım uzandı o anda açık olan ağzıma tıkıştırdı... Ses çıkarmamam, karşı koymamam için ağzımı eliyle kapattı ve nefes alamadığım için hiç istemesem de yutmak zorunda kaldım...

Biraz şaşırdım... Babam doktordu, annem hukukçu ve evde bazı zamanlar ilaç konularında konuşmalarına tanık olurdum ama onların konuşmalarından böyle reçetesiz alınan ilaçların çok tehlikeli olacağını az çokta olsa öğrenmiştim. Ama o anda bir şey demedim.

Bunları söylerken önce kapıya, sonra pencereye bakarak gözleriyle etrafı tarıyor ve sesini alçaltarak konuşuyordu, adeta bunların olacağına da inanıyordu sanki. Bu tedirgin hali beni biraz rahatsız etse de konuşmalardan hoşlandığım bir gerçekti hele aşk hakkında konuşmaları beni mest ediyordu. Arkama yaslandım ama yine de artık içimde tuttuğum düşüncelerimi söylemeden edemedim:

— çok tedirgin ve huzursuz bir halin var, sürekli sağa sola bakıyorsun nedenini öğrenebilir miyim? Birde keşke içmeseydin o hapı, öyle mucize gibi bir ilaç içiminde her şey düzene girseydi bu hayatta ortalık güllük gülistanlık olurdu, bana da içirdin birde ben alışık değilim bu tür ilaçlara, haplara...

Böyle bana bir baktı aslında yüksek sesle konuşacaktı birden anneme baktı ve sesini onun duymaması için adeta yutarcasına fakat alaycı bir tavırla:

— iyi ya işte bende denemek istedim, hep beraber yaşayıp göreceğiz o zaman. Ama o arkadaşım tamamen bu konularda yırtmış durumda yani bu konuları aşmış durumda anlayacağın prenses. Hayatı bazen sollamak lazım...

Senin dünyadan haberin yok anlaşılan süt kuzusu kalmışsın kızım. Annen yanında bilmem ne, üstelik annen bile bu yaşta oyuncak bebekle uyuyor. Şu manzaraya bak anne kuzusu seni, hayat sizin gibilere güzel. Hayata karşı eziksiniz kızım eziksiniz... Ben ve benim gibiler tek başına nelere göğüs geriyoruz siz biliyor musunuz?

Sonra tekrar kapıya baktı, montunun cebinden bir sigara çıkardı ve yaktı. Bir kaşını kaldırarak ve gözleri kısarak alaycı bir tavırla yüzüme baktı uzun uzun, sonrasında eğildi duymamam için oldukça kısık bir sesle kulağıma:

— sen anlaşılan kesin annenin ve babanın seçtiği, onayladığı ve testten geçirdiği arkadaşlarınla arkadaşlık ediyorsundur. Hayatı ezik yaşayanlardansın bende sana ne anlatıyorum ya, git işine ben senle ne konuşayım...

Bu konuşma tarzı biraz beni üzdü, benim o anda onun arkadaşlığını bir ilaç gibi görmemden dolayı onu fark ettiği için belki böyle kırıcı olmuştu konuşmaları sanırım. Belki de sürekli hastanede kalmaktan bunalmıştı her neyse. Zira çok akıllı olduğu ve hayatta başından birçok şeyin geçtiği belliydi her halinden... Ama ondaki bu yaşına göre çok büyük, hatta çok çok büyük bedenlerdeki elbiseler giymiş gibi duran bu kaba ve pervasız konuşmalar ancak sokak çocuklarında olabilecek tarzda konuşmalardı.

Nisan arkasına yaslandı kendisini hiç konuşmadan, kıpırdamadan ve yorum yapmadan büyük bir hayranlıkla dinleyen Ayşen Hanım'a baktı:

— aslına bakarsanız Ayşen Hanım ben sokak çocukları da tanıdım zaman zaman birçok yerde ve yaşamımın birçok kesitinde o yaşlarda ama hiç böyle bozuk bir ağızla konuşanına denk gelmemiştim... Bazen o hani kâğıt toplayan çocuklar vardır ya onlarla annemle babamla pazarları yürüyüş yaparken çok karşılaşırdık. Hatta yolda aldıklarımızdan ikram ederken sohbet ederdik, ama onlar bile bu tarzda konuşmalarda bulunmuyorlardı hiçbir zaman... Neyse, ben konumuza döneyim.

Nerede kalmıştım ha sigara içiyordu. Sigarasından bir nefes çekti birden hatırlamış gibi yine kaşlarını kaldırarak:

— giderken pencereyi açar giderim. Korkma kimse anlamaz, daha olmadı birisi gelirse senin içtiğini söylerim.

Bunları söylerken bana dik dik ve muzip bir şekilde bakıyordu, benim tepkimin ne olacağını merak eder bir tavırla.

Asında oldukça güzel ve sevimli kızdı, ama biraz ağzı bozuk, nezaket yoksunu ve birazda erkek vari davranışları olan agresif yapılıydı o kadar... Sonra gülmeye başladı gergin ve tedirgin halinin iyice yansıdığı bir ses tonuyla gülüyordu sesini kısarak...

Ağzından dumanlar çıkıyordu sesi çıkmasın diye elini ağzına kapattığı için dumanlar parmaklarının arasından bu kez de şekilli şekilli çıkıyordu. Sessizce sıyrıldı oturduğu yatağımın ucundan ve yavaş adımlarla pencereyi açtı. Yine sessiz davranarak geldi aynı yere benin yanıma oturdu.

O anda o kadar farklı göründü ki gözüme hastane kurallarını hiçe sayan bu bencil tavrıyla... Onu hiç tanımadığım için hayata ve insanlara bu denli öfkesini anlamaya çalışıyordum ama anlamakta oldukça zorlanıyordum... Bu arada çok yakınımda olduğu için dumandan boğazım acımaya başlamıştı ama o sitemli konuşmalarına hala devam ediyordu:

— siz tuzu kurular bilmezsiniz hayatın gerçeklerini... Söyle bakalım ekmek kaç lira Nisan Hanım biliyor musun mesela...

Kalakalmıştım. Gerçekten de bilmiyordum ekmek kaç lira, haklıydı belki ama bunun niye böyle olduğunu benimle onun arasındaki bu statü farkının ekmek fiyatını biliyor ya da bilmiyorum noktasında ölçülüyor olması çok ilginçti.

Sanki suç gibi görülen bu durumunda suçlusu benmişim gibi görülüyor ve suçlanıyor olmam nedendi onu anlamadım... Kafam çok karışmıştı yine ve benim ona verecek bir cevabım yoktu...

Odada daha doğrusu hastanede ve hatta iç mekânda sigara içmemesini bunun doğru olmadığını söyleyecek oldum ama vazgeçtim... Ne yalan söyleyeyim o an göstereceği tepkiyi kestiremediğim için çekindim, nasıl olsa biri girer ya da annem uyanır diye düşündüm ve sustum.

Pencere açılmışta olsa her taraf kapalı ve oda küçük olduğu için ve de yanmakta olan lamba ışığı yeterli olmadığı için odaya dolan sigara dumanını fark edemiyordu. Arkasından bir sigara daha yaktı ve tam içmeye başlamıştı ki elinden sigarası düştü, kafası yana kaydı ve gözleri kapandı. O ana ne olduğunu anlamadım ama sanırım uyuyakalmıştı.

Uzandım onu düzeltmeye çalıştım düşmemesi için ancak biraz kendime doğru çekebildim o kadar. Bunu yaparken ayağımdaki korkunç ağrıyı yeniden o kadar yoğun hissettim ki anlatamam, çok canım yanmıştı... Onu düşmemesi için ayağımın acısına dayanabildiğim kadar yukarı çektim...

Anneme seslendim, Papatya'ya da seslendim ama nafile ikisi de beni duymadılar...

Oldukça yüksek sesle bağırmama rağmen uyanmıyorlardı ve kimsede bu yüksek sesle çağırmalarımı duyup gelmiyordu. Adeta kaderimle baş başa kalmıştım sanki bu hastane odasında...

Bende kafamı yana koydum zira uykusuzluktan sanırım gözlerim yanmaya başlamıştı... Zaten sigara dumanından da gözlerim yanmaya ve boğazım ağrımaya başlamıştı...

Ayağımın acısını tamamen çok daha fazla hisseder olmuştum Papatya'yı tutmak için kendimi zorladığım için... Ama odadaki bu olumsuz durum daha çok canımı yakıyordu... Bu denli çaresiz durumda olan bizim kurtulmamız için birinin gelmesi sabırla beklemek gerektiğini düşünmeye başlamıştım... Anneme ve Papatya'ya seslenmelerim her defasında boşa gidiyordu, sonuçsuz kalıyordu ve ikisi de beni hiçbir şekilde duymuyorlardı... Uzandım masanın üzerindeki telefonumu almaya çalıştım olmadı, iç hat telefonunun bulunduğu sehpaya ise hiç ulaşamadım zaten...

Aslında her kıpırdanmamla birlikte onun düşmesi söz konusuydu ve düşerse ayağının zarar görmesi an meselesiydi... Kendimi o kadar zor bir durumda hissediyordum ki yanlış bir hareketim Papatya için telafisi olmayan başka bir tehlike yaratabilir ve hatta sadece ayağının zarar görmesi değil düşme sonucu ölebilirdi de... O anda birinin gelmesini beklemekten ve dua etmekten başka bir isteğim olamazdı Allahtan.

Ama bu arada benimde başım sürekli düşüyordu, uykumun hiç bu kadar geldiği o güne kadar vaki değildi ve ben neredeyse uyuyordum adeta... Yani odadaki herkes uyuyordu sonuçta ve ben bunu anlamama, uyumamak için direnmeme rağmen garip bir şekilde elimde olmadan uyukluyordum... Yaşadıklarım sanki rüya gibiydi. Annemin olması, bebeğimin onun yanında olması, Papatya'nın ve benim kırık ayaklarımız, bu hastane odası hepsi yaşanan bir gerçekti ama onların uyuyor benim uyukluyor olmam gerçekle rüya arasında gidip gelmeme neden oluyordu... Elimde olmadan uyuklayınca kafam düşüyordu ve bu düşüşteki kafamın sarsılışı beni uyandırıyor, sonrasında tekrar uyukluyordum... Her uyukladığımda Papatya elimden kayar gibi oluyor, ama kafam düşüp uyandığımda ise onu tekrar tutmaya çalışıyordum. Bunu her yapışımda zorlandığım için gerilen ayağım canımı çok yakıyordu...

Ne kadar zaman geçti bilemiyorum ama bağırmalara ve anlamadığım bir kargaşaya içine uyandım... Papatya gözleri kapalı bağırıyordu sürekli, hemşire ve bir doktor onu karşı kanepeye yatırmışlar sakinleştirmeye çalışıyorlardı. Üzerindeki giysiler is pas içindeydi doktorların üzerindeki beyaz önlüklerinde de ara ara siyah kirli el izleri ve lekeler vardı... Ayrıca hepsinin ağızlarına oksijen maskeleri takılmıştı. Odanın bazı yerleri de is ve kir gibi yanık gibi bir şeylerle doluydu. Hatta yatak çarşaflarının uçları yanık ve köpük içerisindeydi. Yangın söndürme tüpleri kapının oradaydı ve onlarda is ve pas içindeydi.

Ayşen Hanım merak dolu gözlerle dinliyordu. Nisan'ın sözlerini bölmek konuşmanın akışını etkilemek istemiyordu ama olup biteni bilmek istiyordu... Onun bu merakını tahmin eden Nisan onun merakını gidermek ister gibi sürekli konuşuyordu:

— sonrasında bana da bir oksijen maskesi takılmış olduğunu fark ettim. Babamda gelmişti ve bana sarılmış vaziyette kocaman kocaman açılmış korku dolu gözlerle saçlarımı öperek ağlıyordu. Hastaneden birileri annemi sedyeye koymuş götürüyorlardı. Annem sanırım baygındı ve benim bebeğime sarılmış vaziyetteydi, onunda üzeri is pas içindeydi ve ağzında oksijen maskesi vardı... Her taraf is pas içindeydi ve annem büyük bir telaş içinde sedye ile dışarı çıkarılıyordu. Annemi o halde görmek bana yetmişti zaten... Bende hemen onun arkasından kalkmak onu görmek istedim. Ama babam beni sımsıkı kavrarcasına tuttuğu elleriyle bırakmıyordu ve beni sürekli teselli etmeye çalışıyordu:

— Nisan'cığım annen sadece baygın korkma, bak öksürüyor sadece buradan az bir şey kalsa da yine de bu dumanlı ortamdan uzaklaşması ve dışarı çıkması, yani temiz havaya çıkması gerekiyor. Bende seni çıkaracağım şu kapının önü bir boşalsın tamam mı senide annenin yanına temiz havaya çıkaracağım, güzel kızım benim... Ayağına dikkat etmemiz gerekiyor sadece o yüzden koridorun tenhalaşmasını bekliyoruz...

Nisan dalmıştı sanki yeniden yaşıyordu... Ayşen Hanım'da o kadar etkilenmişti ki oda merak içinde açılmış gözleriyle bir sonraki cümleyi bekler gibi Nisan'ın ağzına bakıyordu... Nisan gözleri tek noktada o anları bire bir yaşar gibiydi sanki ve o anlardaki gibi sık sık ve kesik kesik nefes aldığı korkuyu çağrıştıran bir ses tonuyla oldukça heyecanlı olup biteni anlatmaya devam ediyordu. Ayşen Hanım'ın gözlerine bakarak:

— Ayşen Hanım biliyor musunuz babamın o lafının üzerine odanın her yerinin hala biraz duman olduğunu fark ettim. Bulunduğumuz oda olağanüstü isli ve kapkara bir görünümdeydi. Odadaki herkesin üstü başı is pas içindeydi. Ama o kadarki sanki ortalık yangın yeri gibiydi... Panik, telaş, koşturma ve yükselen sesler, insanların yüzündeki korku dolu bakışlar... Her şey her şey bir felaketi yansıtıyordu sanki...

O anda sanki ayağı hiç kırılmamış ve sağlammış gibi Papatya'nın annemin yatmakta olduğu sedyeyi kalkarak birkaç adımda bir eliyle yakalamasını görmenizi isterdim Ayşen Hanım... Sanki panter gibi atladı anneme yetişti ve henüz kapıdan çıkardıkları annemin bulunduğu sedyeyi yakaladı... Sürekli diğer eliyle annemin üzerindeki is pas olmuş kırmızı battaniyeyi göstererek aralıksız bağırıyordu hıçkırarak kesik kesik eliyle annemi göstererek:

— cin ayet leri gördüm, cinayet leri götürmeyin delilleri yok etmeye çalışıyorsunuz annemi götürmeyin, teyzemi götürmeyin... Lütfen onları götürmeyin.

O kadar kuvvetliydi yanındaki doktorlar ve hemşireler zapt edemiyorlardı. Gözleri yarı kapalı ve bir an olağanüstü kuvvetli ama bir anda aniden düşebilecekmiş gibi bir durum sergileyerek eliyle annemin üzerindeki kırmızı battaniyeyi anemi ve bebeğimi ısrarla tekrar göstererek aralıksız bağırıyordu:

— bakın bakın kıpkırmızı kanların içinde yatıyorlar babam yapmadı onu götürmeyin ben yaptım beni götürün babamı götürmeyin... Annemi götürmeyin, teyzemi götürmeyin... Ben ben gördüm, inanın ben gördüm onları... Ben ben sadece ben, kimse yoktu, babam yoktu, dumanlar çekilince annemi gördüm. Bıçaklamışlardı. Babamda yoktu yeni geldi. Ben ben cinayetleri gördüm, cin ayetleri gördüm...

Mecalsizce ağlarken Papatya'nın ağzından çıkan sözleri hıçkırıklarla yarım kalıyor, bağırırken kelimeler hecelere bölünüyor, yarısı anlaşılıyor, yarısı anlaşılmıyor perişan bir halde çırpınıyordu...

Ben dahil oradaki herkes hepimiz, sanırım o an onun bu halinin etkisindeydik sanki yaşamdan kopmuştuk biraz o anda... Hatta biraz değil, bayağı uzun bir müddet... Şimdi hayal meyal hatırlıyorum da, böyle bendede hayalle gerçek karışmıştı... Yaşadığımız olayları bir an bende uyukladığımdan dolayı ayağımın ağrısı için verilen ilaçlardan etkilenerek kâbus gördüğümü düşünmüştüm... Sürekli gücüm yettiğince tırnaklarımı avucumun içine batırarak uyanmaya çalışıyordum...

Hayal meyal hatırladıklarım şunlardı... Sanki kırmızı yıldızlar parlıyordu sıralar halinde akarcasına annem de Papatya'da odadaki her şey, herkes dumanların içindeydiler... Kırmızı ışıklar çıkıyordu annemin üzerinden bu nasıl oluyordu anlayamıyordum. Sadece bu kötü rüyadan uyanmak istiyordum, içim acıyla burkuluyordu, ama yapamıyordum, zorlanarak aralanan gözlerim tekrar kapanıyordu... Ara ara kulağıma tok erkek sesleri geliyordu ve tanıdık bir bayan sesi sürekli tekrar ederek kekeliyordu:

— cinayet gördüm, cin ayeti gördüm...

Erkek sesleri zorlayarak tekrar soruyorlardı:

— cinayet mi gördün, cinlerin ayetlerini mi gördün, bayan sen kafayı mı yedin ne cinayeti kimsenin öldüğü yok... Ne ayeti ne cini kimse yok burada... Bayan olayların etkisiyle saçmalıyorsunuz sanırım...

Erkek sesi sürekli bağırıyordu:

— buradaki herkes deli ve hepsi de beni buluyor... Hani hani bayan ne cin var burada, nede ayeti...

Delirtme beni sus, sus... Artık sus lütfen...

Yine homurdanıyordu erkek sesi:

— yarabbi bir kerede akıllı birini yolla ne olursun bir kerede de bir günde ben görevimi huzurlu yapayım...

Başka bir erkek sesi cevap veriyordu:

— e huzur istiyorsun da bu mesleği niye seçtin, Hamdi Bey hadi kızmayı bırak ta şu ayetlerini ellerine ver de, cinleri de kovala da gidelim... Bu nasıl bir durumdur yahu çıkamadık içinden...

Ama tanıdık kadın sesi hala bağırıyordu:

— cinayeti gördüm cin ayeti gördüm...

— ne cini, ne ayeti bayan, senin işin yok mu bak asılsız ihbar suçtur, hoş cinini de ayetini de gördüğünü söylediğinden dolayı önce akıl sağlığına da bakmak gerekir...

Tanıdık ses Papatya'nın sesi hıçkırıyordu hala:

— cinayeti gördüm...

İçerideki erkek sesi alaycı bir ses tonuyla:

— ha... Şimdide tamamen cinayete mi dönüştü lafınız hanımefendi cinler nerede, nereye gittiler... İçeride bir yerlerde saklanıyorlar galiba... Ya da kaçmışlar, ne dersin e hadi yakalayalım bakalım cinleri de, ayetlerini de... İşimiz gücümüz var bizim bayan... Bak içeride cinde yoksa ayeti de yoksa seni cin çarpmıştan kötü ederim bilesin bayan, çattık yahu...

Gözlerim yarı kapalı duyduğum kadarıyla bir yandan da bu yarı anlaşılan sesler bize doğru yaklaşıyorlardı... İyice ta yakınımıza gelip sesler yaklaştığında ben hala babama sarılı duruyor ve canım yanarak annemin kırmızı yıldızlarını avuçluyordum zihnimde... Ilık ve akışkan kıpkırmızı, kan kırmızı, parlak yıldızları...

Papatyanın gördüğünü zannettiği şeyleri belki onun bağırarak çağrıştırıyor olmasından kaynaklı etkileniyor sanki bende aynı şeyleri yaşıyordum... Ama ondan farkım annemin ve babamın ve odadaki diğer herkesin gözlerimin kapandığı bazı anlar hariç azda olsa farkındaydım... Sadece ondan fazla etkilenerek gerçekten anneme bir şey olduğunu düşündüm ve zannettim o anlarda... Tabii benim bu durumda daha sakin olmamda beni sakinleştiren babamın etkisi çok fazlaydı...

Dumanlar daha bir çekilmişti açık pencereden gelen rüzgârla birlikte sigara dumanının, kesif yanık ve is pas kokusunun yerini ılık bir esinti almıştı... İnsanın içi çekilir gibi, sanki kadere teslim olmuşsun gibi, garip araf bir durum... Yine bende sonrası yok...

Ne kadar öyle kaldım bilmiyorum ama sanki derin ve huzursuz bir uykudan uyanmıştım. Arkamda odada birinin olduğunu sezinledim gibi geldi, gözlerim tam görmüyordu:

— sen misin baba...

Açık olan perdenin rengini alarak elenen gün ışığı odanın içini perdenin rengine maviye boyuyordu. Açık kalan pencereden esen rüzgâr perdeyi salladıkça sanki içeride deniz dalgalanır gibi maviyi dağıtıyordu etrafa ve deniz dalgaları gibi harelendiriyordu odayı...

Bunaltıcı bir sıcaklık hâkimdi havaya ve bu dalgalanmalarla ara ara sıkkın ve sıcak bir gerginlik oluşturuyordu... Nefes almakta ve hatta vermekte bile zorlanıyordu insan... Ama bir yandan da bu mavi hareketlenmelerin dalgalanmalar gibi odaya yansıması denizde yüzüyormuşum gibi beni ruhen rahatlatıyordu...

Bir ses bana sesleniyordu yumuşak ve hoş... Evet, tanıyordum ama adeta adamakıllı özlemişim gibi bir duyguya kapıldığım bu sesi nereden tanıyordum... Ruhumun o karanlık boşluğu içerisinde adeta bir yankı bir hayat kıpırtısı olmuştu ve ben bunu çok rahat hissedebiliyor ve hatta bariz bir biçimde görebiliyordum...

Kendimi suların kucaklayışına bırakmışım gibi ılık sular beni kaldırıyormuş gibi bir his dolduruyordu içimi... Elimi terimin sızdığı alnımı silerek başımı zorla kaldırdım, tam o anda yanımda bana sarılmış olarak duran babamı gördüm. Gözleri fal taşı gibi açılmış bana bakıyordu,

— ay babacım gerçekten buradasın ne zaman geldiniz...

O sırada babam bana sarılmış benim düşmemem ve zarar görmemem için beni koruyordu. Manzara aynıydı... Herkes her şey aynıydı ve ben rüya görmüyordum... Papatya hala bağırıyordu... Sesi gittikçe kısılsa da azalsa da bağırıyordu... O an o ruh haletiyle idrak edebildiğim kadar nihayet iki kişilik başka güvenlik geldi ve Papatya'yı durdurabildiler.

Ayşen Hanım Nisan'ın heyecanlı heyecanlı anlatmalarını dinlerken sanki Nisan'ın anlattığı bütün olayları canlı yaşıyormuş gibiydi... Nisan'la beraber heyecanlanıyor, hatta soluk almayı unutuyor ve onunla beraber sakinleşiyordu. Sanki onunda oradaymış gibi güvenlik kuvvetlerinin gelişiyle sanki oda rahatlamıştı. Arkasına yaslandı ve heyecanla:

— eee sonra Nisan Hanım sonra ne yaptılar güvenlik görevlileri... Papatya'ya ne oldu asıl. Annene bir şey olmadı inşallah...

Nisan bir an durdu Ayşen Hanım'a baktı anlatmakla gülmek arası kritik bir an yaşadı:

— sizi de üzdüm bağışlayın Ayşen Hanım sizin de gereksiz heyecanlanmalarınıza neden oldum. Hemen söyleyeyim annem sadece baygınmış, babamın bana söyledikleri doğruymuş ama Papatya mahvoldu bağırmaktan, sesi kısıldığı halde hala bağırıyordu. Kesik kesik artık kelimeyi bile tamamlayamıyordu:

— cin ayet leri gör... Du man lar çe kilin ce cin a yet leri gördüm...

Hıçkırıklarla bölünen bağırmaları sesi kısıldığı ve gücü kalmadığı için artık hiç anlaşılmaz olmuştu. Neyse ki ben babamı ikinci kere yeniden görüyormuş gibi saçmalamaktan kurtulmuştum... Zira artık iyice kendime gelmiştim ve aleni bir şekilde olayların, olup bitenlerin idrakindeydim...

Bu arada hastane polisi de gelmişti koridora çıkmıştık nihayet... İşte orada durum daha da traji komik bir hal almıştı... Papatya'nın hıçkırıklarla karışık ve nefesi de artık yetmediği için bağırmaları hiç anlaşılmaz olmuştu. Hastane polisleri anlamaya çalışıyorlardı, sonunda onlarda bu aynı sözlerin tekrarından bıkmıştı ve:

— ne cini görmüşse, ne ayeti görmüşse götürün arkadaşlar karakolda anlatsın... Tövbe estağfurullah birde cin ayeti çıktı, cinin ayetimi olurmuş... Kuranın ayetlerini öğrenmezler, bilmezler ama cinleri, ayetleri maşallah sular seller gibi öğrenirler... Bana da kabul ettirecekler neredeyse bakın dakikalardır bir cindir, bir ayetleridir gidiyor... Ne günlere kaldık yahu, bu gençler böyle hayallerinin, aman ne hayalleri kâbuslarının içinde yitip gidiyorlar... Birisi dur demeli bu gidişe... Yazık oluyor bu sabilere yazık oluyor...

Vay vay benim güzel ülkem, güzel Türkiye'm biz şu gençlere seni nasıl bırakıp gideceğiz... Vay halimize, vay ki vay... Cinler gibi sınır tanımayan, duvar tanımayan ve her yerde var olan insanlar türedi... Ya anlamıyorum cinin ne ayeti olurmuş, bunlar cin olmadan bizim aklımızı çarpmaya niyetli herhalde... Bu yeni nesil bir felaket, adeta potansiyel tehlike... Götürün cini kimmiş neredeymiş, ayeti neymiş, neredeymiş öğrenelim bakalım... Hay Allah artık bunlarla mı uğraşacağız birde... Cine, periye, ayete gerek yok, insanlar zaten şeytanlaşmış... Şu gençleri getirdikleri hale bak, şu uğraştığımız şeylere bak, bu nasıl iştir... Dünya ne kadar değişti yahu...

Nisan anlatmaktan yorulmuştu, bir nefes aldı ve Ayşen Hanım'a baktı. Ayşen Hanım kayıt yaptığını bile unutarak o kadar Nisan'ın ağzından çıkacak söze odaklanmış bakıyordu ki Nisan'ın yüzüne söyleyeceklerini bir an evvel duymak için, Nisan onun bu haline bakıp devam etmek zorunda kaldı:

— aslında ben polislere bildiklerimi anlatmak istiyordum, ama yapamıyordum gücüm hiç yoktu... Papatya'nın kırmızı battaniyeyi kan zannettiğini ve içtiği hapın belki bunları bizde bu halüsinasyonları yaratabileceğini... Ama benimde gücüm kalmamıştı, bende bitmiş, tükenmiş durumdaydım buraya kadar net hatırlıyorum Ayşen Hanım.

Gerisini hayal meyal hatırlıyorum sanrım sonuçta uzatmayayım bir külçe gibi babamın kucağında beni de sedyeye aldılar, sonrasını hiç hatırlamıyorum...

Ayşen Hanım el hareketiyle desteklediği ve kalakaldığı bir ses tonuyla:

— ya tam sırasında kestiniz ama... Hadi anlatın lütfen Nisan Hanım niye maskeler takılı sizde, niye ortalık is pas içinde niye o haldesiniz, öylemi görünüyordu her şey size, yoksa orada bir şey mi olmuştu... Papatya'yı götürdüler mi? sizde mi etkilenmiştiniz o içtiğiniz her ne hapıysa, neyse... Ay, ama her şey muğlak kaldı bende...

Ayşen Hanım başı ellerinin arasında bekliyordu Nisan'ın konuşmasının sonunu ama artık röportajın sonuna yaklaşmışta olsalar Nisan'ın anlatımını kesmemesi gerektiğini anlamıştı. Söyleyeceklerini yuttu, sustu ve Nisan'ın sanki o anları yaşayan bir etkilenmeyle değişen yüzüne ve sözlerine odaklandı.

Nisan masaya sessizce bırakılan çaydan bir yudum aldı, zira nefesi kuruyordu ve sesi kesiliyordu... Ayşen Hanım'ın merakını anladığını vurgulayarak devam etti:

— yangın çıkmış meğerse... Evet, tamda onu işte benimde uyuduğum zamanlarda olanları anlatacağım... Bir gün sonra yine gece yarısı...

Etraf esrarlı bir sessizlik içindeydi... Yine hastane odasındayız, ama farklı bir odada. Babam yanımızda ben yine hasta yatağındayım, yan yatakta annem yatıyor ben ailemin tek çocuğum bu arada onu da belirteyim... Yani tedbir amaçlı gözlemden dolayı aile boyu hastanedeyiz yine... Okul arkadaşlarım da gelmiş, yakın arkadaşlarım, dost niteliğinde kaliteli ve vefalı arkadaşlarım...

Ve ve Kaan'da gelmiş... İşte o zamanlar diğer arkadaşlarımdan ayırt ettiğim ve yaşım gereği onun benim dünyamdaki varlığına farklı anlamlar yüklediğim biri anlarsın işte, özel arkadaşım gibi bir şey... Size o atmosferi anlatayım, o akşamı bu sorularınıza muhtemelen cevap olacaktır Ayşen Hanım...

Ay ışığı o kadar parlak, o kadar nefisti ki böyle kartpostallardaki görüntüler gibi adeta çocukluğu ve ilk gençliği Karadeniz kıyıları tarafında geçmiş olanlar bu manzaraları çok iyi bilirler. Birde özellikle insanın gönlü sevdi ve özlemle yanıyorsa o yıllarda sevdanın cehennem soluğunu ruhunda hissedersin, hasret ölümün nefesi gibidir ensende ve hiçbir şeyi gözün görmez... O akşam nedense bu duyguyu ilk orada o hastane gecesinde hissettim ve oldukça yoğun yaşadım... Bunu açığa çıkararak bu hissettiklerimi görmeme neden olanın ne olduğunu hiç bilmiyorum ama...

İşte öyle bir atmosfer Kaan'ın ve arkadaşlarımın varlığı bir gün öncesi yaşadıklarımızı unutturmuştu bile, neşe içinde bir akşam geçiriyoruz birlikte şamata gır gır gırla gidiyor.

Tam o anda kapı gıcırdayarak açıldı, tabii bütün gözler o tarafa döndü. Papatya içeri girdi. Ayağını zorlayarak yürüyordu bize doğru yaklaşınca durdu ve başını kaldırıp bana baktı, o bakışları unutamıyorum. Gözleriyle değil sanki kanayan yüreğiyle bakıyordu… Sağanak sağanak yağmur öncesi gibi sıkıntılı bir hal almıştı yüzünün coğrafyası… Bakışları, kocaman ve akmaya hazır iki damla gözyaşıyla, bulutlu bir gökyüzü gibiydi. Bir adım daha attı, durdu bir kez daha baktı, sonra döndü ve yine ayağını sürükleyerek bütün arkasından babamla benim seslenmelerimize rağmen hiç konuşmadan sessizce yürüdü aslında yürümek değildi bu gidiş kapıya doğru sürüklenerek süzüldü sanki ve çıktı.

Yüreğimden bir şeyler kopmuştu ne olduğunu anlayamadığım, adını koyamadığım buruk, garip ve yaralayan bir haldi yaşadığım. Eminim annemde babamda ve arkadaşlarımda aynı duyguları hissetmişlerdir... Kapı örtüldüğünde babam çok üzgün bir bakışla önce bana baktı başımı okşayarak, sonra kapıya doğru Papatya'nın arkasından bakarak buruk bir ses tonuyla:

— hayat rüzgârlarının örseleyerek, yaralayarak rastgele savurduğu bu çocukların hayata tutunmak adına verdikleri savaşta, savunmalarını artırmak adına destek olmalıyız... O bizimde çocuğumuz hatta senin kardeşin olabilirdi Nisan...

Babam tam sözünü bitirmişti ki hastane polisi geldi ve babamdan annemden izin isteyerek odadaki herkesin duymayacağı şekilde bana bir gece öncesi olan olaylar hakkında sorular sordu. Papatya'nın benimle neler konuştuğunu ve neler yaptığını sordu. Onu ne zamandır tanıdığım konusunda değişik sorular yönelterek aramızdaki tanıma, tanışma derecesini anlamaya çalıştı... O anda Papatya'yı ziyarete gelen arkadaşı geldi aklıma polis memuruna onu söyledim, daha başka sorular yöneltti polis memuru bende cevapladım. Ama zaten hastane kayıtlarından arkadaşını görmüşler, sadece neler konuştuklarını anlatmamı istedi bende söyledim. Arkadaşının Papatya'ya verdiği bir şey olduğunu gördüğümü söyledim... Ha Papatya'nın bana zorla içirdiği hapı ve kendisinin de içtiğini söylediğini anlattım...

Polis benimle konuşması bitince annemin olduğu tarafa yürüdü geçmiş olsun dedi ve babama teşekkür etti. Sonra babama bakarak:

— geçmiş olsun efendim üzgünüz yaşananlar için ama en azından az hasarla kurtulduk, bu çok sevindirici bir olay ama yangın büyüyebilirdi de Allah muhafaza... Nasıl böyle bir talihsizlik yaşanabildi hala anlamış değilim...

Merakımdan ve Papatya'nın bakışlarından kalan o buruklukltan kurtulmak için polise Papatya'nın dün ki yaşadıkları ve yaşattıklarının sebebini sordum. Aslında bunları sormaktaki maksadım ceza alıp almayacağını öğrenmek istediğim içindi...

Polis şefkatle bana bakarak:

— sen ne güzel ve müthiş bir terbiye almış, pırlanta gibi bir çocuksun. O zaten buraya tedavi için gelmiş tutuklu hastalarımızdan, ama sen tabii ki uyarılmadığın ve bunu bilmediğin için zarar gördün.

O bir bağımlı biri ve ayağının tedavisi için buradaymış sanırım... Sizin odanıza da gizlice muhtemelen herkesi bir şekilde atlatarak girdiği için tüm hastane onu dışarıda aramışlar o yüzden bir anda sizin çağırmalarınıza cevap verememişler... Küçük hanım çok geçmiş olsun, bu durumu kısa süreli yaşadığınız halüsinasyonlarla atlattığınız için şükretmemiz lazım... Size ve annenize her şey olabilirdi... Kamera kayıtları ve araştırmalar yangının düşen sigaradan çıktığını gösteriyor ki bunu tahmin etmekte zor değil zaten... Ama kesinlikle çok ucuz atlatılmış bir durum. Anında müdahale edilmemiş olsaydı kim bilir neler yaşardık, hafif bir durumla atlatılmış olması büyük şans... Allahtan bina akıllı bina ve olay büyümeden halledildi... Aslında pencere açık olmasa daha çabuk öterdi sinyaller ve daha çabuk müdahale edilirdi... Olsun buna da şükür...

Bu arada size zorla içirdiği hap çok büyük talihsizlik, o konuda da çok büyük bir badire atlatmış sayılırız, ölebilirdiniz ya da farklı arazlar kalabilirdi bedeninizde anında müdahale edilmeseydi... Oda ölebilirdi bu tür hapların insanlar üzerindeki etkisi herkesçe malum... Yani kısacası her konuda da ölümden döndünüz küçük hanım...

Zaten o gün ki görevliler ve hastanedeki diğer görevli arkadaşlarımız dönüşümlü olarak bu konuda acil hizmet içi eğitime alındılar. Tekrar geçmiş olsun efendim. Hastane adına tekrar özür dileriz...

Biz konuşurken hastane başhekimi olduğunu söyleyen beyefendi geldi. Oda çok üzgün olduğunu belirterek geçmiş olsun dileklerini söyledi. Son derece duyarlı ve etkilenmiş bir hali vardı ve bu hali zaten her tavrından belli oluyordu... Yaşananların her noktasından haberi vardı ve bu durumun yaşandığı bir kurumun yöneticisi olmaktan oldukça üzgündü. Yaşanılanları talihsizlik olarak görmüyor ve gereken tedbirleri daha da artırmak için her ayrıntıyla tek tek daha bir duyarlı bir yaklaşımla ve bilinçli bir tavırla ilgileniyordu. Göreve o gün başlamış olduğunu ve daha ilk gününde kendini bu olayla karşılaşmanın şaşkınlığı içinde hissettiğini anlatırken bile son derece kibardı ve üzgündü...

Papatya'nın yurttan gelen bir çocuk olduğunu anlattı, babası annesini öldürdüğü için çok küçük yaşta yurda verilen çocuklardan olduğunu belitti... Ama bunu kimseyle paylaşmadıklarını ve etik olan kurum kuralları gereği böyle olduğunu böyle gerektirdiğini anlattı. Bağımlılık tedavisi gördüğünü belirtti. Benim ona ve onun gibi olan çocuklara iyi bir örnek olduğumu belirterek, annemi ve babamı bu konuda tebrik etti. Babam başhekime bu güzel ziyaretinden dolayı teşekkür ederken onu anladığını belirtmek adına:

— elbette tutukluda olsalar bu durumdaki çocukların yine de şanslı olduğunu düşünüyorum. Sokak kanunlarının acımasız hükümlerinde yok olan, kaybolan çocuklarımızı düşünürsek, en azından kalacak yerleri var ve her şeyleriyle sahip çıkan ehliyetli ellerdeler.

Bütün dünya ülkeleri içerisindeki en genç nüfusa sahip olan bizim ülkemiz, kuşkusuz bunu herkes biliyor. Fakat koruyamadığımız, hayata hazırlayamadığımız çocuklarımız, yaşamın karanlık çukurlarında çırpınıyor. Toplum olarak onları her rastladığımız durumda korumalı kollamalıyız...

Başhekim babamın sohbetinden çok etkilenmiş olacak üzgün gelen suratı gülümsemeyle aydınlanarak:

— yanlış adreslerde harcanan, kazanmaya çalıştığımız çocuklarımız için emek veren etrafımızda çok sayıda değerli insanların olması, beni tarifsiz mutlu ediyor. Ama bir yandan da sorumsuz anne babaların, hayatın ortasına terk ettikleri bazı çocuklarımız, vatan, millet sevgisi yerine sigara, alkol ve uyuşturucuyla tanışıyor olması sizler gibi elbette bizleri biz hekimleri çok üzüyor.

Çocuklarımızı görmeyen, göremeyen zihniyetlerle hareket eden, belki kendi de bağımlı olduğu için, hayatı dumanların arkasından, kendini çaresiz hissederek seyreden çok insan var ne yazık ki... Gerçekleri hiçbir zaman göremeyecek insanların her zaman var olması kuşkusuz ülke olarak bizleri çok zor durumlar yaşatıyor ama bunlara da yakında çözüm bulunacaktır...

Sonra derin bir nefes aldı:

— evet, artık her gün genişleyen dumansız hava sahamızda kardeşlik türküleriyle, ülkemizin güzel çocukları halay çekmeli. Uçurtmalar rengârenk gökyüzüne yükselmeli. Dünya kültürlerini içinde barındıran ve geniş bir mozaikte harmanlayan yüreği güzel, kendi güzel insanlarla el ele olmalıyız. Sizler gibi aileler çoğalmalı... El ele olmalıyız ki, dumanlar çekildiğinde Türk olmakla, insan olmakla, anne baba ve eğitimci olmakla, doktor olmakla gururlanacağımız güzel manzaralar görmek için…

Başhekim tam sözü bitmişti ki çalan telefonuyla odasına gitmek zorunda kaldı ve giderken benim başımı okşadı. Babam ve annemin üzüntüleri ve bu cereyan eden olaylara olan şaşkınlıkları ve sessiz isyanları tamamen dinmiş ve çok mutlu olmuşlardı. Ben bile o yaşımda kendi adıma çok şey öğrenmiştim bu yaşananlardan...

Babam akşam olduğu ve arkadaşlarımın evleri uzak olduğundan dolayı evlerine bırakmak için onları arabasına götürürken bir kere daha ne kadar şanslı olduğumu düşündüm. Bu düşüncelerime o anda farkına vardığım yaşamımda var olan yeni değerlerimin olduğunu anlatan yeni düşüncelerim eklenmişti.

Bu durum kuşkusuz ileriki hayatıma yeni bir vizyon göndermişti, bundan böyle alacağım kararların bu doğrultuda olacağını hissediyordum ve içimde yeni heyecanların ve yeni düşüncelerin ayak sesleriyle oluşan yeni yaşam müziğimi hisseder, keşfeder gibiydim... O gece yapılan konuşmalar bu anlamda her zaman benim hayatımda çok önemli bir yer tutar...

En önemlisi de bu hayatın bize bahşedilen en büyük şans olduğunu anlamam açısından yaşadığım her dakikanın çok değerli olduğunu öğrenmemdi.

Çok mutluydum öyle ki, yıldızlar ay ve ateş böcekleriyle süslenmiş kâinat yine beni sarmıştı, yepyeni harikulade bir büyünün içindeyim diye düşündüm o an...

Bana zarar veren her şeyden, bu düzenden soyutlanmış durumda, sanki yaşadıklarım bana uzak, tesirsiz kalmış ve kötü olan her şey elimden kurtulup gecenin karanlığında ağaçlar arasında kaybolarak ve hayal gibi gözden silinmişti adeta... Bu harikulade gecenin büyüsünü bozan tek ve en önemli bir tek şey vardı...

Geceden geriye sadece o bakışlar Papatya'nın o bakışları kalmıştı sanki... Kanayan bir yara gibi...

Bu anlamda kıl payı atlatılan bu olaylar silsilesinin verdiğim ilk ve büyük bir sınav olduğunu düşünüyordum buda bana fazlasıyla yetmişti Ayşen Hanım...

Çünkü o akşam yine böyle ateş böcekleri yanıp yanıp sönüyordu gecenin karanlığında, hayatta bir kere karşımıza çıkan şanslar gibi göz kırpıyorlardı yine bize, bana ve hayata... Sanki sanki yakaladığın an benim olacak umutlarmış gibi yanıp yanıp sönüyorlardı...

Bunu fark etmemi sağlayan Papatya gibi güzel insanların olması da o anda benim yakaladığım bir şanstı ve ben bunu anlayabilecek bir yapıya sahip olma noktasında şanslı olanlardandım.

Bu yaşananların benim hayatımda bana yaşama sanatının çok emek isteyen ve ihmale gelmeyen yanlarını gösteren çok önem taşıyan hatalar olduğunu anlatmıştı... Hatalarımızın bizleri güzelliklere ve önemli değerleri fark etmeye götürdüğünü anlamıştım...

Bu durum benim bu güne kadar yaşadığım ilk yol ayrımımdı kuşkusuz, hayattaki ulaşmaya çalıştığım, planladığım hedefime yöneldiğim ilk adımdı. Ve ve yaşamımdaki sessizce kendi kendime aldığım ilk kararımdı...

Yani bu gün burada olduysam ve sizin karşınızdaysam eğer Papatya ve Papat'yanın bana yaşattıkları sayesindedir... Çünkü şunu çok iyi anlamıştım... Yaşamın bir mavi yolculukta limansız ve zamansız heveslerle yola alışlardan çok, kısa ya da uzun soluklu hedeflerle süslenmesi gerektiğini fark etmiştim...

Hayat böyle olmalı, bir hastane odasında da olsak böyle olmalı diye düşündüm ve orada o gün, bunları düşündüğüm işte o an psikiyatr olmaya karar verdiğim andı... O akşam bu pencerenin önündeki mutluluktan ağlayışım şu an gibi aklımda ve şimdi yine mutluluktan ağlıyorum... Bakın siz varsınız yanımda ve birlikte başarıyı konuşuyoruz...

Söyleşi bittiğinde gün ağarıyordu ay gitmiş, yıldızlar solmuş, ateş böcekleri kaybolmuştu...

Sanki sanki yeni doğan güneş trilyonlarca ateş böceklerinden oluşan bir ateş yumağı gibi şans ve sıcacık bir yaşam dağıtıyordu tüm evrene nice Papatya'ların daha güzel bir yaşamı ve daha güzel bir iklimi hak ettiklerini bir kez daha hatırlatırcasına biz büyüklere ve biz anne babalara...

Papatyalar ve başka bütün güzel çiçeklerimiz Nisan yağmurlarının bereketiyle sulansın ve boy versin... Barış rüzgârlarıyla dağılsın dört bir yana... Güzel ve bereketli ülkemiz Türkiye'mizin her köşesinde, dünyanın çürük ve çorak topraklarına inat...

Yazarımız
Leyla Şahin'in Diğer Kitapları

Veda Makamı

Hayat Bir Nefes
İstanbul

Bin Yıldızlı Otelde
Bir Saat